Inhalt

Kindermarketing - Das gefährliche Spiel mit Emotionen

Kernthesen

Beitrag

Fallbeispiele

Weiterführende Literatur

Impressum

Kindermarketing - Das gefährliche Spiel mit Emotionen

Harald Reil

Kernthesen

- Kinder und Jugendliche sind für Firmen eine lohnende Zielgruppe: Es ist allerdings fraglich, ob Marketingattacken, die den Nachwuchs im Visier haben, ethisch vertretbar sind.
- Zumindest gibt es Experten, die das bestreiten. Ihr Argument lautet: Wegen mangelnder Kritikfähigkeit sind Kinder und Jugendliche besonders einfach zu manipulieren.
- In einigen Fällen kann das sogar gefährlich werden: Fett- und zuckerreiche Nahrungsmittel machen krank und führen

zu einer Explosion der Gesundheitskosten.
- Die deutschen Grünen fordern nicht zuletzt aus diesen Gründen für Kindermarketing strengere Richtlinien.

Beitrag

Wichtige Frage: Ist Kindermarketing ethisch vertretbar?

Kinder und Jugendliche sind eine beliebte Zielgruppe von Unternehmen jeglicher Couleur. Wie viel Geld Firmen für Kindermarketing in die Hand nehmen, lässt sich aber anscheinend gar nicht so einfach aufdröseln. Denn oft, so geben Fachleute zu bedenken, ist der Nachwuchs auch von Kampagnen beeinflussbar, die sich eigentlich an junge Erwachsene richten. Aus der Schweiz und Österreich ist bekannt, dass sich Unternehmen, was das Budget für Kindermarketing betrifft, kaum in die Karten blicken lassen. Auch deutsche Unternehmen sind in dieser Beziehung sehr zurückhaltend. Eine Zahl für die USA aus dem Jahre 2007 zeigt allerdings, dass zumindest dort Konzerne den Nachwuchs für eine lohnende Zielgruppe halten. Denn schon vor sechs

Jahren ließen sich Unternehmen jenseits des großen Teiches Werbekampagnen für Kinder rund 17 Milliarden Dollar kosten. Sind US-amerikanische Unternehmen richtungsweisend für das Verhalten von Firmen in anderen Ländern - und es gibt keinen Grund, das Gegenteil anzunehmen -, dann werden sicherlich auch hierzulande die Ausgaben für Kinder- und Jugendmarketing Milliarden verschlingen. Das ist durchaus alarmierend. Denn die Frage lautet, ob das Marketing für diese Zielgruppen ethisch überhaupt vertretbar ist. (1), (2)

Kindergehirne sind für Werbebotschaften besonders empfänglich

Es gibt Fachleute, die dies kategorisch verneinen. Sie argumentieren, dass das kindliche Gehirn für emotionale Reize besonders empfänglich und wegen eingeschränkter Vergleichsmöglichkeiten gar nicht in der Lage sei, Werbebotschaften korrekt zu interpretieren. Von vielen Unternehmen wird dieser Mangel an Kritikfähigkeit perfide ausgenutzt: Sie konditionieren den Nachwuchs so früh wie möglich, um ihn langfristig auf sich und ihre Marke einzuschwören. Im Falle von Süßigkeiten liegt die Altersgrenze, bei der das nicht mehr so einfach funktioniert, zum Beispiel bei elf Jahren. Die Kleinen werden daher schon vorher mit Werbegimmicks überschüttet oder mit Marketingbotschaften zugedröhnt. Das geschieht zum Beispiel mit der Beigabe beliebter Comicfiguren zu so genannten gesunden Frühstücksflocken oder Esskampagnen in Grundschulen. Dass diese Art von Kinder- und Jugendmarketing gefährlich ist, zeigt die Entwicklung der Gesundheitskosten weltweit - sie schießen gewaltig in die Höhe. Selbst China hat mittlerweile mit dem Problem überfetteter Kinder und Jugendlicher zu kämpfen, da Fast-Food-Ketten zumindest in den größeren Städten wie Pilze aus dem Boden schießen. (1), (5), (6)

Kreditkarten schon für Zwölfjährige

Aber nicht nur die großen Nahrungsmittelkonzerne versuchen, Kinder und Jugendliche mit einem zum Teil erheblichen Marketingaufwand für sich zu gewinnen. Andere Branchen wie Banken, Verlage, Automobilkonzerne oder Energieversorger gehen ähnlich geschickt vor. Es gibt Finanzinstitute, die bieten schon Zwölfjährigen in Verbindung mit einem Privatkonto Kreditkarten an und locken den potenziell potenten Nachwuchs mit Musikstreaming-Angeboten oder verbilligten Eintrittstickets für hippe

Events. Verlagschefs, die angesichts der Internetrevolution ihre Felle davonschwimmen sehen, setzen ebenfalls eine ganze Menge Gehirnschmalz ein, um die nachfolgende Generation fürs Zeitungslesen zu begeistern. Dazu gehören besondere Kinderseiten, die die Medienkompetenz und die Allgemeinbildung fördern sollen, oder Gewinnspiele. (3), (4), (5)

Trends

Politik macht gegen Kindermarketing mobil

Es gibt Stimmen in der Politik, die das Marketinggebaren von Nahrungsmittelkonzernen immer lauter anprangern - und zwar rund um den Globus. Einer der Hauptgründe sind die Ausgaben für Gesundheitskosten, die in astronomische Höhen schießen. Die deutschen Grünen fordern daher beispielsweise vehement, für Kindermarketing streng verbindliche Richtlinien zu entwerfen. Noch drastischer gehen andere Länder vor. Dänemark führte beispielsweise im Oktober 2011 eine Fettsteuer ein. Auch wenn das dänische Parlament mittlerweile beschlossen hat, sie wieder abzuschaffen, so zeigen

Initiativen wie diese doch ganz deutlich: Die Nahrungsmittelkonzerne sind gewaltig unter Druck. (7)

Fallbeispiele

In der Milchschnitte steckt eine Extraportion Fett und Zucker

Die Milchschnitte von Ferrero ist ein Beleg für erfolgreiches Kinder- und Jugendmarketing. Mit dem Slogan "In der Milchschnitte steckt eine Extra-Portion Milch" schafft es das Unternehmen, dem Nachwuchs und seinen Eltern seit 1978 zu suggerieren, dass der Snack gesund sei, obwohl es besser heißen müsste: "In der Milchschnitte steckt eine Extraportion Fett und Zucker". Oder anders formuliert: Die süße Leckerei ist ein ausgewiesener Dickmacher. Dennoch hält dies 58 Prozent der Kinder und Jugendlichen in Deutschland im Alter von sechs bis 13 Jahren nicht davon ab, wenigstens einmal pro Woche eine Schnitte zu vernaschen. (1)

"Rheinland Pfalz" ködert Nachwuchs mit Kinderseite und

Gewinnspielen

"Rheinland Pfalz", eine Zeitung, die in Ludwigshafen erscheint, hat die Nils-Nager-Club-Initiative ins Leben gerufen, um den von den neuen Medien und daher wahrscheinlich zeitungsresistenten Nachwuchs vielleicht doch noch an sich zu binden. Zielgruppe sind Sechs- bis 13-jährige, denen das Zeitungsmaskottchen, ein Biber, Samstag für Samstag Erklärungen zu ausgewählten Themen liefert. Gewinnspiele, eine Clubzeitung und Events runden das Angebot ab. Der Verlag plant außerdem noch andere kindgerechte Initiativen. (4)

E.ON handelt sich Kritik ein

E.ON hat sich mit seiner Förderung des Projekts "Leuchtpol - Energie und Umwelt neu erleben" Kritik eingehandelt. Der Stromversorger schulte für diese Initiative Kita-Erzieherinnen, damit diese ihren Schützlingen Energie- und Umweltthemen altersgerecht vermitteln können. Vertreter von Medien und Umweltschutzverbänden bezweifelten allerdings, dass E.ON in dieser Hinsicht objektiv agieren könne. (5)

foodwatch-Chef prangert Nestlé

an

Der foodwatch-Chef, Thilo Bode, hat Gerhard Berssenbrügge, dem ranghöchsten Vertreter von Nestlé in Deutschland, einen offenen Brief geschrieben, da der Nahrungsmittelkonzern seiner Meinung nach gegen die eigenen Auflagen verstößt. Dazu gehören Kindermarketing und die Werbung für Frühstücksflocken wie CiniMinis und Cookie Crisps, die angeblich gesund, tatsächlich aber stark zuckerhaltig und damit potenziell krankmachend sind. Analysen zufolge ist sogar rund die Hälfte der Produkte, die Nestlé Deutschland an Kinder vertreibt, zu süß. Bode fordert den Nahrungsmittelriesen außerdem dazu auf, seine sogenannten Bildungsinitiativen in Grundschulen einzustellen. Konkret meint er den Vorstoß "Frühstückszeit - Lesezeit" und den Wettbewerb "Unsere Klasse is(s)t klasse". Nestlé soll außerdem darauf verzichten, mit TV-Spots, Gewinnspielen und der Beigabe von Spielzeugautos oder Comicfiguren den Nachwuchs für seine Produkte zu ködern. (6)

Hoher Anspruch: ethisches Kindermarketing

Die Agentur "Kids & Fun" ist die erste

Unternehmensberatung Österreichs, die sich dezidiert auf Kindermarketing spezialisiert hat. Die Geschäftsführerin, Ursula Weixlbaumer-Norz, hebt hervor, dass sich ihre Firma verantwortungsvoll und ethisch mit diesem Thema auseinandersetzt. Weixlbaumer-Norz arbeitete vor der Gründung ihrer Agentur als Kindermarketing-Spezialistin für McDonalds. (8)

Weiterführende Literatur

(1) Unheimliche Verführer Marketing Kinder sind eine spannende Zielgruppe und dank Internet noch leichter an Marken zu binden. Doch Werbung ist für die Kleinsten gefährlich.
aus HandelsZeitung vom 24.03.2011, S. 19

(2) Ehrlich und ethisch: Marketing für die Kleinsten KINDERMARKETING: Die Zielgruppe Kinder wird von vielen Unternehmen noch vernachlässigt
aus WirtschaftsBlatt, 09.08.2010, S. 19

(3) JUGENDMARKETING Von der Wiege bis zur Bahre
aus Schweizer Bank Nr. 2 vom 18.01.2013 Seiten 21 - 20

(4) Der Club der künftigen Zeitungsleser
aus werben & verkaufen Nr. 04 vom 21.01.2013, S. 56

(5) Ein Bund fürs Leben WERBUNG Firmen zielen mit ihrem Marketing zunehmend auf Kleinkinder. Zweijährige können keine Flüge buchen - aber sie können spielen: mit Comicvögeln von Lufthansa und Sparhamstern der Raiff- eisen- bank
aus Sonntaz, 18.08.2012, S. 32

(6) Kinder-Marketing: Nestlé verstößt gegen eigene Unternehmensgrundsätze / Grundschulprogramme und Kinder-Werbung für überzuckerte Snacks / Offener Brief an Nestlé-Deutschland-Chef Gerhard Berssenbrügge
aus news aktuell, 2012-04-18

(7) Fettes Brot
aus manager magazin Nr. 4 vom 15.03.2013 Seite 70

(8) Kindermarketing - ethisch
aus "medianet" Nr. 1621/13 vom 19.03.2013 Seite: 11

Impressum

Kindermarketing - Das gefährliche Spiel mit Emotionen

Bibliografische Information der deutschen Nationalbibliothek

Die Deutsche Nationalbibliothek verzeichnet diese Publikation in der deutschen Nationalbibliografie; detaillierte bibliografische Daten sind im Internet über http://dnb.d-nb.de abrufbar.

ISBN: 978-3-7379-0809-2

© 2015 GBI-Genios Deutsche Wirtschaftsdatenbank GmbH, Freischützstraße 96, 81927 München, www.genios.de

Alle Rechte vorbehalten. Dieses Werk ist einschließlich aller seiner Teile – z.B. Texte, Tabellen und Grafiken - urheberrechtlich geschützt. Jede Verwertung außerhalb der Grenzen des Urheberrechtsgesetzes bedarf der vorherigen Zustimmung des Verlags. Dies gilt insbesondere auch für auszugsweise Nachdrucke, fotomechanische Vervielfältigungen (Fotokopie/Mikroskopie), Übersetzungen, Auswertungen durch Datenbanken oder ähnliche Einrichtungen und die Einspeicherung und Verarbeitung in elektronischen Systemen.